# 살며, 사랑하며

## 살며, 사랑하며

초판 1쇄 인쇄 · 2019년 11월 25일
초판 1쇄 발행 · 2019년 11월 30일

지은이 · 주 병 권
펴낸이 · 윤 영 희
주 간 · 김 길 형

발행처 · 도서출판 동행
출판등록 · 제2-4991호

주소 · 서울시 중구 을지로 14길 16-11(2층)
편집부 · (02) 2285-0711, 2285-2734
팩 스 · (02) 338-2722

ⓒ 2019. 주병권, Printed in Korea
　　저자 : bkju@korea.ac.kr

정가 10,000원
ISBN 979-11-5988-011-7

판매 수익금 전액은 사회복지법인 및 문학발전기금에
기부됩니다.

* 저자와의 상의하에 인지는 생략합니다.
* 파본 및 잘못된 책은 서점에서 교환해 드립니다.

# 살며, 사랑하며

友情 주병권 제5시집

동행

## 詩作하며

다섯 번째 시집입니다.
이제는 제법 크고 작은 행사도 다니고
문우들이 소식도 전해오며
문인으로써 차츰 익숙해지고 있습니다.
아이들과 자연을 위한 기관도 방문하고,
즐겁고 아름다운 이야기를 나누며
후일, 보람과 의미의 꿈도 조금씩 여물어 갑니다.
살며, 사랑하며
의미를 알게 되면서 소중해진 말
제목으로 넣고자 급하게 지은 시가 부끄럽습니다.
격려를 하여주신 '종로문협' 문우들,
글을 통하여 만나게 된 적지 않은 인연들,
추천사를 허락해 주신 최영미 시인,
그리고 곁에서 늘 한결같은 아내와 딸에게
고마움을 전합니다.

2019년 가을
북한산 기슭에서 友情

## 詩集 출간을 기리며

그의 시는 초월을 꿈꾸지 않는다.
난해의 병풍 뒤에 숨지도 않는다.
늦깎이 문학청년 주병권의 시는 정직하다.
봄꽃의 향기,
여름의 그늘,
가을의 눈물,
"제때 즐기지 않으면 봄이 다 가져간"다는
겨울의 흰 눈이 있는 풍경.
계절을 앓는 시들이
수채화처럼 펼쳐지는 시집에
가끔 불꽃이 어른거린다.
"이제 겨울이 오겠지/
차갑도록 눈이 시린/
거울 안으로/
겨울나무로 들어서겠지"
삶이란 "살아가기 위해 살아가는 것/
그 이상도 이하도 아닐 것이다"라는 깨달음이 아프다.

최영미 시인

## CONTENTS

詩作하며 _ 5
詩集 출간을 기다리며 · 최영미시인 _ 6

11월 _ 12
11월 25일은 비 _ 13
가을맞이 _ 14
가을 오는 날 _ 15
가을 학습 _ 16
겨울 추위 _ 17
계절 도둑 _ 18
계절 이별 _ 19
골목길 _ 20
골프 인생사 _ 21
과꽃 _ 23
교동 가는 길 _ 24
균형 _ 25
그래 _ 26
그런 사람 _ 27
글의 풍경 _ 28
기대 _ 29
기억 _ 30
기차를 기다리며 _ 31
길 _ 32
나이값 _ 33
낙엽을 걷다 _ 34
낙화 _ 35
닝비 _ 36
네게 전하는 말 _ 37

## CONTENTS

댄스 _ 38
동생을 배웅하며 _ 39
뒷골목에서 _ 40
떠나버릴까 _ 41
레드 와인 _ 42
멀리 _ 43
문답 _ 44
미포에서 _ 45
바닷가 _ 47
바람 부는 날 _ 48
바람을 닮은 이가 있었네 _ 49
바리스타 친구에게 바침 _ 51
반성 _ 52
발이 예뻤네 _ 53
배려 _ 54
버스에서 _ 55
번개팅 _ 56
벗의 묘소를 찾으며 _ 57
봄꽃 _ 58
부산, 하오 세시 반 _ 59
북해도에서 _ 60
불편의 매력 _ 61
비 그친 아침 _ 62
비 내리는 날, 차창 가에서 _ 63
비 내리는 아침 _ 64
비가悲歌 _ 65
비와 눈물 _ 66
빈집에게 _ 67

# CONTENTS

빨래를 기다리며 _ 68
사천역에서 _ 69
살며, 사랑하며 _ 70
삶 _ 71
상상 _ 72
새벽달에 묻다 _ 73
새 출발 _ 74
성모에게 _ 75
세상사 _ 76
수국 _ 77
순간 _ 78
술 _ 79
시간에 기대다 _ 80
시간을 찾아서 _ 81
아바나를 떠나며 _ 82
안나 수녀님을 보내며 _ 83
안목 해변에서 _ 84
앨범을 넘기며 _ 85
어느 날 _ 86
어머니 _ 87
어제 _ 88
언젠가, 이별 _ 91
여행을 떠나시나요 _ 92
오래된 들창 _ 93
우정에 관하여 _ 94
이기적 _ 96
이별 생각 _ 97
이별 후에 _ 98

## CONTENTS

자연 _ 99
자유 _ 100
자작나무 숲으로 가면 _ 101
작은 창 _ 102
제천, 골목길 _ 104
종탑을 오르며 _ 105
지평역, 안개 _ 106
직무유기 _ 107
진눈깨비 내리는 날 _ 108
창가에서 _ 109
천사의 조우 _ 110
첫눈 _ 111
청사포 _ 112
출근길 _ 113
코스모스 _ 114
콰지모도에게 _ 115
쿠바에 왔다 _ 116
퇴각 _ 117
투명한 사람 _ 118
폐교에서 _ 119
푸념 _ 120
해방촌 _ 121
햇빛과 그림자 _ 122
헛꽃 _ 123
홀로 예찬 _ 124
화진포 풍경 _ 125

탈고를 위한 단상 _ 126

# 살며, 사랑하며

# 11월

11월의 시간은 또
한 계절을 넘어서겠지
겨울은 거울처럼
지난 계절을 비추겠지
거울 안으로 들어서겠지
흘러간 날들을 반추하며
가을의 끝 무렵
11월을 기억하겠지

잎새가 남았을 때
나무를 올려보아야 했을 걸
눈물이 남았을 때
너를 보내어야 했을 걸

11월, 늦가을은
마지막 숨결조차 거두는데
나뭇잎도 너도
하나 둘 떠나는 11월의 하오
이제, 겨울이 오겠지
차갑도록 눈이 시린
거울 안으로
거울 나무로 들어서겠지

## 11월 25일은 비

11월 25일, 비가 내린다
엊그제 내린 눈 위로
아직은 가을이야, 11월이야
시위라도 하듯
늦가을 비가 내리고 있다

주말, 성급히 캐럴을 켜는
레코드 가게의 유리창에
겨울이야, 손을 호호 부는
여인네들의 우산 위로
주룩주룩 빗물이 흘러내린다

떠나기 싫은 가을의 눈물
빗물이 눈물이 흘러내린다
때늦은 우산을 펴야 하나
가을 노래를 들어야 하나
11월 25일, 비가 내린다

## 가을맞이

가을을 맞이하려거든
가을 풍경의 하나가 되자

순응하며 낮게 흔들리는 갈대의 겸허
풀잎과 리듬을 맞추는 바람의 어울림
소명을 다하고 떠나는 잎새의 기다림

가을의 하나가 되어
겸허히 어울리며 기다리자

## 가을 오는 날

바람은 센티하게
잎새는 화려하게
하늘은 고고하게
저마다 폼을 잡는데

나는 무관심한 척

## 가을 학습

하늘은
눈부실 때
멀어지는 법을 알고

단풍은
화려할 때
내려오는 법을 알고

## 겨울 추위

추위가 밖에서만 오는 줄 알았네
불을 밝혀도 몸을 덥혀도
추위가 사그라지지 않을 때
안에서 오는 추위를 느낄 수 있었네
내 작은 마음이, 삐뚤어진 심사가
피와 살을 차갑게 식혀
체온을 뚝 떨어트리고 있다는 것을

겨울에는 마음이 얼어 더 춥고
여름에는 열불이 나서 더 덥고
사람 사는 일, 겪어가는 고통에
계절 탓, 남 탓을 하기보다는
내 탓일 때가 더 크고 많다는 것을
따뜻한 방에서 떨며 알 수 있었네

## 계절 도둑

봄의 꽃향기, 제때 느끼지 않으면
여름이 다 가져가고

여름의 그늘, 제때 쉬지 않으면
가을이 다 가져가고

가을의 오솔길, 제때 걷지 않으면
겨울이 다 가져가고

겨울의 흰 눈, 제때 즐기지 않으면
봄이 다 가져가고

## 계절 이별

너를 보낼 채비를 한다
네가 가면
낙엽은 지고 찬바람은 불어오겠지
쓸쓸히 차가운 저녁을 보내겠지

불타는 정열이었다
햇살은 눈부셨고
너의 품 안에서
열기에 땀방울에 맘껏 젖었다
너로 인해
해바라기는 더욱 뜨겁게 피었고
매미는 피를 토하며 울었다

너는 너무도 강하여
모든 것들은
너와 하나가 되든지
너를 영영 떠나든지
선택할 뿐이었다

이제는 너를 보낼 채비를 한다
굿바이 너, 여름이여

## 골목길

꽃길에서는 향기가 오듯
골목길에서는 정감이 오네

한바탕 웃음과 허허로운 푸념
끈끈한 땀과 맘 깊은 눈물까지
오랜 세월 섞이고 버무려진
비릿하고도 정겨운 길

하루 넘기는 게 다 그런 거지
사람 사는 게 다 그런 거지

산길에서는 바람 소리가 오듯
골목길에서는 옛 이야기가 오네

# 골프 인생사

그거 알아?

골프가 인생과 통하는 점
뒤땅도 치고
쌩크도 나고
별짓을 다하더라도
공은 앞으로 가지
설령 OB가 나더라도
돌아서지는 않아
사는 게 그런 것 같아
고꾸라지고
주저앉아도
다시 일어서서
한 발자국이라도 더 걸어가니
시간이 뒤로 가지는 않잖아

결국, 언젠가
공이 홀 컵에 떨어지듯
삶도 무덤 안으로 들어가지
그 순간에는
'얼마나 멀리 왔을까?' 보다는
'어떻게 왔을까?'를
생각하겠지

라운딩이 끝나면
스코어보다는
샷의 상쾌함이 남듯
성공보다는
순간의 즐거움이 남는 거야

이제, 샷을 해볼까?

# 과꽃

대충 피어도 예쁜 꽃
예쁜 만큼 슬픈 꽃
슬픈 만큼 눈물이 맺혀
뿌옇게 흐려지는 꽃

## 교동 가는 길

제천고, 향교를 지나
교동으로 가는 길
태어나고 자란
교동으로 가는 길

아버지의 손을 잡고
먼 길을 떠났던
교동으로 가는 길

아흔을 보시는 아버지와
예순을 보는 아들이
오십년 전 시간을 찾아
교동으로 가는 길

아버지의 손을 잡고
먼 길에서 돌아와
교동으로 가는 길

# 균형

미래를 잡으려 두 손을 내밀고 있지만

두 발로 딛고 서있는 곳은 과거입니다

# 그 래

작은 일 하나에도
최선을 다해 왔던 네가
오래도록 하여온
큰일을 그만두겠다고
덤덤히 말을 할 때
나는 그저 '그래'

그간 참 수고하였다고
커피 한 잔
권할 뿐이었다
그 덤덤함 속에 놓인
생각의 깊이
미루어 짐작하기에

## 그런 사람

계절에 한 번쯤, 혹은
해가 바뀌어 만나더라도
어제 본 듯, 곁에 있는 듯
그런 사람이 있습니다

세월에 어울리도록
나이가 들어가는 모습
일희일비도, 서두름도 없는
늘 그렇고 그런 사람
함께 하였던 좋은 기억들
몇 개쯤은 나누어 지닌 사람

베스트셀러보다는
스테디셀러가 편하고
설탕도 크림도 없는
맑은 커피가 깊게 다가오는
이유이기도 합니다

멀리서, 나를 향하여
천천히 걸어오는 사람
시월의 어느 날
느린 음악, 흐린 불빛 아래
그런 사람입니다

## 글의 풍경

가끔은
풍경화다운 글을 쓰고 싶다
시간의 풍경
공간의 풍경
그날의 웃음, 쓸쓸함을
그곳의 정겨움, 바람 소리를
자음과 모음으로 그리고 싶다

풍경 속에
나를 앉히고 싶다
그날 그곳으로 돌아가
나인 듯 타인인 듯 머물고 싶다

# 기대

엄마가 내게 큰 기대를 할 때

나는 엄마에게 푹 기대고 싶었어요

# 기 억

여기였나 봐
우리가 끝내 방황하던 곳이
겨울이 지나던 무렵
기억보다도 오랜 음악이
담배 연기로 번지던
그날 밤 그 음성들
행선지가 없던
졸업반 우리들은
그저 머무르며
창밖, 내리는 눈을 보았지
술잔을 기울이며
담배를 물며
눈이 그치기를 기다렸지
이유도 없이
무언가는 마무리되기를
원하면서
대가 없는 논쟁도
텅 빈 강의실의 적막도
이제는 끝이 나기를
원하면서
철길이 없어도
기차 소리가 들리던 밤
여기였나 봐
우리가 끝내 돌아서던 곳이

## 기차를 기다리며

오지 않는 기차를 기다리는 이는
시간을 기다리는 법을 안다
철길이 이어지듯
시간도 이어지기에
기차도 시간도
언젠가는 반드시 올 것이기에
오지 않으면
철길을 따라가듯
시간을 따라가는 법을 알기에
플랫폼, 멀리 바라보는 모습
기차를 기다리듯 시간을 기다린다

# 길

걸어와서야 알게 되었어
어떤 길을 어떻게 걸어온 지를
비바람 치던 날
햇살이 비치던 날
그저 날씨였을 뿐
그저 걸었을 뿐
역경을 헤친 것도
화사한 날을 누린 것도 아냐
기쁨과 환희
슬픔과 후회
한 순간의 사연이었어

돌아보면 모두가 징검다리 같은 것
길 위에 드문드문 놓여진
삶의 편린들
그 이상도 그 이하도
아니었던 거야
걸어가면서 알게 되겠지
진정 어디를 향해 가고 있는지를

## 나이값

태어나면서
밥값하며 살고

늙어가면서
나이값하며 살고

살아가면서
이름값하며 살고

## 낙엽을 걷다

낙엽으로 지는 법을 배우며 사세
한평생 신록일 수 있으랴
꽃으로만 영원히 필 수 있으랴
진정 고운 꽃은 질 때도 고운 법

낙엽으로 지는 법을 배우며 사세
한 시절 햇살에 눈이 부셨다면
한 순간 잎새로 푸르렀다면
화려하게 떠나는 법을 배우며 사세

# 낙 화

나는 안다
밀물로 충만한 바다도
썰물로 돌아서, 비워짐을
중천의 태양도, 석양으로 사라짐을
이 믿음도, 소망도
언젠가는
시든 꽃잎으로 떨어져 내림을

나는 안다
숙명은 거스를 수 없음을
갈 것은 가고, 올 것은 오고 있음을
다만, 바라보고 다가서면
아름다웠노라고
꽃이 떨어지기 전에
한 번은 더, 붉게 필 수 있음을

## 낭비

갓 구운 빵
진하게 내린 커피

하루치 행복을
아침에 모두 쓰고 말았습니다

## 네게 전하는 말

네게 전하는 말은
봄바람 꽃향기에 실려 간다
바람의 숨결로
꽃의 속삭임으로
부드럽게 예쁘게 네게로 간다

숲이 더 짙어질 거라고
낙엽이 지고, 흰 눈이 쌓일 거라고
누구나 아는
계절 이야기이지만
눈을 동그랗게 뜨고
귀를 쫑긋 기울여 주겠지, 너는

많이 놀란 듯
새로운 이야기인 듯
맞장구를 치겠지, 너는

네게 전하는 말이니까
내 이야기이니까

# 댄스

인생은 춤

그리고, 멈춤

## 동생을 배웅하며

터미널 대합실 같은 명절이 오면
잠시 웃음 짓고 떠나야지
먼 곳에서 하루하루 살다가
잠시 웃음 지으려 돌아와야지
터미널 대합실 같은 명절이 오면

## 뒷골목에서

그곳이 여기런가
살아온 흔적
겪어온 애환들이
삶의 화석이 되어
먹먹하게 굳어 있는 곳

세상은 변하고
사람들은 바뀌어도
외면하는 그늘 곁으로
가까이 다가서면
축축한 땅의 버섯인 듯
언뜻 모습을 드러내는 곳

오늘 하루도
시간의 줄에 매달려
흔들리는 일상

그곳이 여기런가
어느 바람 부는 날
힘에 겨운 듯
빨랫줄을 지탱하는
여윈 바지랑대 같은 곳

## 떠나버릴까

이대로 떠나버릴까
몸도 마음도 텅 비운 채로
구름이 가는 구름의 길
바람이 가는 바람의 길
그 길을 따라
이대로 떠나버릴까
두고 온 건 두고 온 대로
잊고픈 건 잊고픈 대로
그저 그렇게 두고
이대로 떠나버릴까

스스로 만든 그물에
스스로 갇혀 있는 것
떠나고 나면
몸은 흙, 마음은 허공
차마 놓지를 못하는 것
못내 잊지를 못하는 것
흙으로 허공으로 뿌리고
구름의 길을 따라
바람의 길을 따라
이대로 떠나버릴까

## 레드 와인

세월을 견디어온 나의 선혈도

이리 숙성된 너의 맛과 같을까

# 멀리

가까이보다
멀리 보고 싶어요
곁에 있는 이가
마음을 아프게 하면
멀리 그가 걸어온 길을 보며
넓게 이해하고 싶어요

가까이보다
멀리 보고 싶어요
지금 이 순간이
어렵고 힘이 들면
멀리 내가 가야 할 길을 보며
넓게 생각하고 싶어요

# 문 답

종일을 일에 몰두하다가
하루가 저무는 모습을 보았을 때
하루만큼 저물어간
삶의 모습도 보인다

무엇을 위해 살아가는 것인지
답을 얻기 위하여 하루를 또 살았다
살아가기 위해 살아가는 것
그 이상도 이하도 아닐 것이다

빈 마음, 빈 몸으로
떠날 줄 알면서
하루 또 하루 걸어가는 것
그 이상도 이하도 아닐 것이다

## 미포에서


해운대의 한 켠
미포에서도 끝자락
선술집 창가
평생을 바다에서 보낸 모습의 노인
그가 권하는 횟감에
부산 소주를 곁들인다

바다 끝에 꼬리만 걸려
저무는 해
물길에서 지쳐 돌아온
고깃배 무리를 옅게 비추는데
오늘, 또 하루는
이렇게 지나고 있다

잔을 넘길수록
어둠은 밖에서 재촉하는데
'너를 따라 나서면
세상과 멀어지잖아'
한마디 하고 싶어도
주섬주섬 일어설 수밖에

미닫이문을 나서면
비린 내음, 찬바람 골목
뻐근한 허리

달빛마저도 버거운 어깨
오늘, 또 하루는
미포에서 떠나고 있다

# 바닷가

바닷가에서는 술잔에도 파도가 치네

## 바람 부는 날

바람 부는 날에는 잊고 싶었다
흔들리는 꽃
허공으로 오르는 낙엽
눈을 감으면 밀려오는 풍경
더불어 흔들리며 잊고 싶었다

마저 잊으려 술을 마셨다
세차게 흔들리는 기억
내가 나를 잊고 있었다
네가 나를 잊었듯이
내가 나를 잊고 있었다

모든 건 잊혀지고
너만이 홀로 남아 있었다
넘어지는 술병
허공으로 오르는 얼굴
바람 부는 날에는 울고 싶었다

# 바람을 닮은 이가 있었네

바람을 닮은 이가 있었네
어디서 왔는지도
속마음도 모르던 이
머리칼이 흩날리면
바람을 알 수 있듯이
곁에 다가와야만
그 모습을 느끼던 이

나무 아래에 서서
허공을 보면
나뭇잎이 흔들리고
구름이 흘러가고
아, 바람이 부는구나
그렇게 다가오던 이
마음마저 흔들리던 날
그저 고개를 숙이고
그렇게 떠난 이

바람을 닮은 이가 있었네
고요 속의 정지
마음만 홀로 흔들리던 날
어디로 가는지

어떻게 가는지
속마음도 모르던 이
그런 이가 있었네

## 바리스타 친구에게 바침

커피,
시작은 아니었으나 끝이 되리라

## 반 성

해는
저물어 가며
얼굴을 붉히는데

사람은
늙어가며
부끄러움을 잊네

## 발이 예뻤네

세상은 참으로 공평하니
어디 한 구석
예쁜 곳을 주셨을 터인데

얼굴도 몸도
마음까지도
도무지 예쁜 곳은 아닌 듯하고

오십이 훌쩍 넘어
이제사 알았네
돌보지 못한 발이 예뻤네

오만 군데 다니느라
거칠고 부르터진 발
실로 예쁜 곳은 너였네

# 배려

누구나 한 시절
화려한 날들이 있었겠지요
외로울 때, 좌절할 때
그날의 기억만으로도 위안이 되는
그런 날들이
마음속의 훈장으로 빛나는
그런 날들이

그날은 그날일 뿐
화려한 날들이 지나면
기꺼이 물러서야 합니다
어느 정거장에서
다음 승객을 위해 자리를 내어주듯이
누군가의 화려함을 위한
배려가 되어야 합니다

꽃으로만 살아갈 수 있는 나무가
어디 있겠습니까
잎과 줄기, 그리고
어둠 속의 뿌리
누군가
뒤를 이어올 빛을 위한
따뜻한 어둠이어야 합니다

## 버스에서

사람들은 내리고 오르고
더러는 곁에 앉고
더러는 멀리 서고
숨결과 표정을 나누기도
혹은 눈길 한 번 못 마주치고
영영 떠나고 헤어지지

버스는 늘 종점까지
같은 길을 가는데
같은 정거장을 지나는데
사람들은 날마다
다른 사연을 안고
다른 모습으로 타고 내리지

창가를 보며
채비를 하며
시간의 벨을 누르지
지나간 정거장은 영영 잊어버리지

## 번개팅

아침, 출근길을 나서다
저녁 무렵, 출장을 마치고
문득 떠오르는 얼굴
마침 여유가 있는 시간
'오늘 얼굴 한 번 볼까요?'
그래도 종종, 만남은 성사가 됩니다
'번개팅'이라고도 하죠

학회나 회의에 가서
오랜만에 보는 반가운 얼굴
혹은, 초면에 맘이 끌리는 모습
마침 여유가 있는 시간
'오늘 한 잔 할까요?'
그래도 종종, 만남은 성사가 됩니다
'번개팅'이라고도 하죠

인연은 100프로 필연이겠지만
확률이 10프로 이하인
이런 '우연 같은 필연'이 좋습니다
걷다가 마주친 표정
우연히 발끝에 닿는 들꽃
고개를 들면 다가오는 하늘
한층 반갑고 아름답듯이

## 벗의 묘소를 찾으며

산길을 걸으며
앞서간 벗을 생각하네
벗의 발자국
그날의 바람 소리, 숲 향기까지도

어디를 바라보았을까
이쯤에서 잠시 멈추었을까
어떤 생각을 하며
다시 발걸음을 떼었을까

걸어가는 길
앞서 간 바람이
벗의 음성을 싣고 오네
떨어지는 낙엽이 소식을 전해오네

# 봄 꽃

사람 사는 마을에 봄꽃이 피면
사람들도 더불어 꽃을 닮는다

봄꽃이야 한철을 피고 지지만
꽃으로 한평생을 필 수 있을까

살다가 영영 떠나는 날에도
꽃처럼 곱게 질 수 있을까

하루를 피고 하루를 지더라도
언덕 위, 봄꽃으로 피고 싶어라

# 부산, 하오 세시 반

8월 어느 날
부산역에서 해운대로 가는 길
버스 창가에 앉으면
창밖으로 지나는 풍경들
버스는 그저 그런 속도로 움직이고
풍경도 그렇게 뒤로 가는데
하오 세시 반은
하오 세시 반처럼 지나고 있네

풍경들은 우연히 마주쳐
기다린 듯 다가오며
저마다의 사연들 전하는데
무한한 시간의 이어짐에서
이토록 작은 파편들이여

우리 그날들도
이렇게 지나간 풍경이었을까
나뭇잎 하나 창가에 닿듯이
그렇게 그저 남아 있을까
우리 희미한 웃음들도
밤이 되면 한 구석이라도 밝힐까
저기 해변의 가로등처럼
그리고 잊은 듯 일어설까
저기 마린시티의 마천루처럼

## 북해도에서

길,
길은 떠나기 위해 있는 줄로만 알았다
기다리는 곳도
돌아서는 곳도
길이었다

나무,
곧게 자라는 법을 알기에
그만큼의 땅, 그만큼의 하늘로도
넉넉한 것을

물,
낮은 곳을 향하는 겸허함이여
넓은 바다가 되는 위대함이여

언덕,
언덕만큼만 올라서
언덕만큼만 내려다 보며 살자

## 불편의 매력

시력이 좋지 않은 것도 복이다
세상이 다소 뿌옇게 보이는 것이 편하다
앉거나 정지할 때는 차라리 눈을 감는다

주위가 희미하면
나의 공간이 선명하다
눈을 감으면
어둠 속에서 나의 시간이 보인다

나만의 공간
나만의 시간에서 살다가
가끔 혼돈의 세상으로 들어서고플 때
주섬주섬 안경을 쓴다

## 비 그친 아침

출근길
비에 젖은 마음이 마르기까지는
여유가 있다
젖은 채 낮게, 땅을 향하여 드리운 시간
발자국 소리도 낮다
바람 소리, 새소리도 멀리 가지 못한다
담배 연기도 비틀거리며 오른다
멀리서 느릿느릿 오는 버스
시간도 뒤뚱거린다
오늘 저녁까지는
이렇게, 젖은 채로 있으면 좋겠다
편안하다

## 비 내리는 날, 차창 가에서

커피와 담배가 어울리듯
비와 차창 가도 나름 어울리지

이런 날, 시 한 편 쓰지 못하면
감히 시인이라 할 수 있을까
이런 날 내키는 대로 쓰지 않고
단어와 어휘를 따진다거나
괜스레 눈을 감고 생각이라도 한다면
감히 시인이라고 할 수 있을까

빗방울이 차창에 닿아
아래로 뒤로 흘러내리듯
닿는 대로 느끼는 대로
편하게 써내려가야 글맛이 나지

이런, 벌써 다 써버렸네

## 비 내리는 아침

비 내리는 아침, 창가에 서면
떠날 생각은 않고 기다리고 있지
숱하게 어긋났던 인연들이
쓸쓸한 웃음으로 돌아와
톡톡, 유리창을 두드리는 소리
창밖, 소나무 가지를 흔드는 소리

비 내리는 아침, 창가의 이야기
커피 한 모금으로 잊혀질까
눈길 몇 번으로 돌아설까
커튼을 닫고 다시 누워도
윙윙, 귓전에 울리는 소리
멀리로 빗물이 흘러가는 소리

## 비가 悲歌

비가 내리는 날, 그대여
슬픈 노래는 부르지 마오
노래마다 슬픈 오늘
또 다른 슬픔은 데려오지 마오

비가, 悲歌
하늘에서 뚝뚝 떨어지는데
땅마저 슬프도록 노래한다면
어둠마저 노래에 울먹인다면
더는 웅크릴 곳이 없다오

슬픈 모습으로 떠나는 시간
술잔 속을 떠도는 곡조
더 이상 내게는
이별 노래가 없다오

## 비와 눈물

비 내리는 날에는
슬픈 노래를 불러주세요
저마다 살아오면서
슬픈 사연은 있잖아요
희미해지고, 혹은
잊고 싶었던 이야기를
가까이로 불러내어
빗물처럼 흐르게 해요
목소리마저 젖은 그대여
어느 노래를 부를지
더는 망설이지 말고
슬픈 노래를 불러주세요

남들 모르게 울 수는 없죠
비가 내리는 날에는
아무도 모를 거예요
눈물인지 빗물인지
유리창으로 얼굴로
주룩주룩 흘러내리도록
뜨거운 눈물인지
차가운 빗물인지
울고 있는 그대만이
알 수 있도록
비 내리는 날에는
슬픈 노래를 함께 불러요

## 빈집에게

너는 늘 여기에 있구나
지난 시간들을 품고
행여 문이라도 열릴까
귀를 기울이고 있니?
오늘처럼
눈이 펑펑 내린 날
마당을 쓸고
꺾인 풀잎들을 세우던 나를
잊지 않고 있니?
나뭇가지들마다
꽃이 피고 열매가 열리고
겨울에는 눈이 덮이고
그렇게 추억도 쌓여간 날들
이제는 빈 뜰에
잊혀진 계절로 놓여 있는데
너를 두고
멀리 희미해져 가는데
나는 떠났어도
너는 여기 있구나
홀로 계절을 맞이하며

## 빨래를 기다리며

방황하면서 불림
자리 잡으면서 세탁
돌아보면서 헹굼
내려놓으면서 탈수
사라지면서 건조

내 삶의 빨래는 지금
헹굼 단계에 있네

헹구고 또 헹궈도
자꾸만 나오는
오욕의 때, 회한의 때

아, 다단계 헹굼이 있네

코인을 더 넣어야겠다
눈물을 더 내어야겠다

## 사천역에서

기차는 떠났고 돌아오지 않는다
철길은 끊어졌고 이어지지 않는다
기적 소리는 울리지 않고
기억마저도 지운다. 사람들은

어떤 모습들이 사라져 갈까
어떤 이야기들이 잊혀져 갈까
누군가 기다리다가 돌아설까
폐역의 철길처럼
살아온 날의 흔적들처럼

## 살며, 사랑하며

살며, 사랑하며
가까이 두는 것이
행복이 아님을 알게 됩니다
그리운 벗에게 편지 한 장이
만남보다 깊고
수화기 너머로 들려오는
어머니의 목소리가 정겹습니다
포근한 봄바람보다
다소 스산한 겨울바람의
감촉이 좋으며
화사한 꽃보다
가을 나무의 단풍이 다가옵니다

먼 그대여
기다림보다
그리움이 더 애잔합니다
헤어짐보다
잊혀짐이 더 두렵습니다

살며, 사랑하며
멀리 깊어만 갑니다
눈 덮인 먼 산의 적막처럼
얼어붙은 호수의 심연처럼

# 삶

화려함은 순간이야

화려하기 위함이 영원이지

## 상 상

풀꽃들이 이리저리 움직인다면
잎새 총총 이슬들이 달콤하다면
길고양이가 말을 걸어온다면
세상은 얼마나 재미있을까

종종걸음으로 강물을 걷는다면
은하수가 어쩌다 쏟아진다면
무지개가 가끔은 다리가 된다면
세상은 얼마나 재미있을까

## 새벽달에 묻다

너를 만나려
새벽을 나섰나보다
검고 적막한 밤을
홀로 건너온 너
세상은 모두
꿈나라로 떠난 밤에
무얼 보았니?
무얼 느꼈니?
오래 전에 떠난 사내가
밤길로 돌아와
담 너머로 기웃거리는 모습
서러운 아낙이
뒤꼍에 쪼그리고 앉아
밤새 눈물을 훔치는 모습
멀리서
너의 은은한 빛으로
안아 주었니?
어젯밤
꿈결 속의 아늑한 품
기꺼이 내어준 이도
너였니?
대답 대신에
웃고 있나보다

## 새 출발

세상을 몰랐습니다
세상이 나를 알아주기 전에는

바램의 끝, 막바지에 이르러
한숨만 쉬고 있을 때
기댈 이 없는 텅 빈 골목길
혼자임을 알았을 때
망각도 희망도 부질없음에
절망의 끝을 되뇌일 때

그러다가, 그러다가

한 줌 햇살이 스미는 곳으로
다시 일어나 걸어갈 때
세상은 비로소
나를 알아주었습니다

## 성모에게

그토록 차갑게 돌아섰기에
영영 잊은 줄로 알았던 그대를
이역만리 여행길, 여기서 보았습니다

그대를 닮은 이름이 불려질 때
스쳐가는 그대 모습을 보았습니다
뒷모습이 너무도 흡사하여 하마터면
어깨에 손을 얹을 뻔하였습니다

그대를 닮은 음성이 들려올 때
스페니쉬라도 그 뜻을 알 듯하였습니다
듣고픈 이야기가 되어
굳어진 가슴, 빈틈을 파고들었습니다

그토록 차갑게 돌아섰기에
영영 잊으려 떠나온 여행길, 그대를
외려 여기서 만나고 말았습니다

# 세상사

세상사 뭐 있겠어

번만큼 쓰고
일한 만큼 놀고
살만큼 살면 되지

나만큼 너도
행복하면 되지

# 수국

이유는 모르겠습니다
어버이날, 화분을 보내드리려
화원을 들어섰는데
한 켠의 풍성한 꽃, 은은한 빛깔

저토록 많은 꽃송이들을
작은 체구로 어찌 지탱하고 섰는지
곱기보다는 안쓰러움이
먼저 떠올랐습니다

잎보다 꽃이 많아
받기보다 주어야만 하는
희생이 떠오르는 꽃
인고의 세월이 떠오르는 꽃

이유는 모르겠습니다
수국을 선뜻 들었는지
어머니가 이유를 아실 듯하였습니다
꽃이 알려줄 듯도 하였습니다

# 순간

절정인 꽃
떨어지는 낙엽 아래에 서고 싶다
물새가 차고 오른 자리의 물결
바람에 날리는 민들레 씨앗
피고 지는 무지개

순간이 기억으로 남고
순간이 영원으로 이어진다
50억년 살아온 지구도
순간에 만드셨다

얼마나 안타까운가
스쳐 떠나는 우연 아닌 필연들
앞모습, 뒷모습 다 떠나서
마주치는 눈빛, 웃음으로
만나고 싶다

# 술

한 잔이면 오늘이 잊혀지고
두 잔이면 어제가 돌아오고
세 잔이면 내일이 사라지고

## 시간에 기대다

시간에 기대는 것은
눈을 감는 일이다
다가온 시간의 빈 어깨에
가만히 기대는 일이다

돌이킬 수 없는 아픔
울고 싶은 고독

천천히 지나갈 때까지
시간이 등을 토닥이면서
괜찮아, 괜찮아 눈을 뜨라고
엷은 미소를 지을 때까지

## 시간을 찾아서


시간이 어떻게 흐르는지 알고 싶다면
옛 흔적이 생생한 도시로 가세요
무너진 폐허와 아직은 숨을 쉬는 공간들
엊그제 만들어진 높이 오른 빌딩들
골목길들을 따라 방랑자로 걸으며
아직은 덜 개인 하늘을 올려다 보세요
시간인 듯 흐르는 구름을 보면
아, 시간은 이렇게 흘러가고 있어
골목길을 지나는 바람, 귀띔해 줄 거예요

시간이 어떻게 흐르는지 알고 싶다면
옛 모습이 담긴 앨범을 여세요
사라진 상처와 아직은 남아있는 흉터들
엊그제 모습을 담은 웃는 얼굴들
기억을 따라 방랑자로 걸으며
아직은 덜 메마른 마음을 열어 보세요
시간인 듯 흐르는 인연을 보면
아, 시간은 이렇게 흘러가고 있어
뇌리를 스치는 인연들, 귀띔해 줄 거예요

## 아바나를 떠나며

아바나에 가면
정직한 모순을 만날 수 있지

낡고 비좁지만 가난하지 않은 곳
북적거리지만 서두르지 않는 곳

뒷골목을 들어서면
멈춘 시간을 만날 수 있지

꿈인지 일상인지 알 수 없는 곳
너인지 나인지 구분할 수 없는 곳

아바나를 떠나며
아바나를 오래도록 생각하겠지

스치며 새겨진 사연들을
카페 모퉁이에 두고 온 나를

## 안나 수녀님을 보내며

나는 오늘, 천사를 보냈네
마음이 아름다워
외모가 더 빛나는 이
웃을 때, 이야기를 나눌 때
선한 눈빛이 다가오는 이
있는 그대로의 세상을
이런저런 이유도 없이
그저 사랑만 할 줄 아는 이
어두운 곳, 소외된 곳을
더 많이 사랑하는 이
아이들이 행복할 수 있는 이유를
한 가지 더 얹어준 이
그 순수함, 아름다움을
먼저 눈치를 채고
하느님이 얼른 데려가신 이
더 어둡고 소외된 나라에 가서
더 많은 사랑을 하라고
하느님이 멀리 보내는 이
나는 오늘, 천사를 보냈네

## 안목 해변에서

강릉에 가면
안목이 있는 이들은
안목 해변으로 모이지
바다와 백사장
길과 건물들은
나란히 평행으로 놓이고
나란히 걷는 이들의 손에는
커피가 들려 있지

바다 내음, 파도가 오는 소리
커피향, 커피를 마시는 소리
바다의 거리
커피의 거리
커피 색깔의 밤이
바다를 가득 품을 때까지
안목 해변에서
떠날 줄을 모르지

## 앨범을 넘기며

웃음 한 장
이야기 한 장
한 페이지를 또 넘기네

언젠가
햇빛 좋은 날 오후
커피향 오르는 뜨락에서
여윈 손가락으로
앨범을 열면

빛바랜 웃음들
희미한 이야기들

깨어진 유리 조각들로
눈부시겠지
눈물 한 방울로
반짝이겠지

## 어느 날

이슬은 신발을 적시게 두고
돌맹이는 발끝에 채이게 두고

나그네를 만나면 말 한마디
카페가 보이면 에스프레소 한 잔
펍이 문을 열면 밀맥주 한 모금

바람은 머리칼을 날리게 두고
햇살은 얼굴 위를 흐르게 두고

# 어머니

팔순을 넘기신 연세에도
예순을 바라보는 아들이
걱정스러우신지요?
그러시겠죠
어머니는 지나가셨지만
아들은 지나지 못한
25년이 있으니
걸어오신 길, 그 길의
돌부리도 흐르는 물살도
마음에 걸리시겠지요
변할 수 없는 마음이기에
'걱정 마세요' 보다는
'알았네요' 답을 드립니다

나이가 들어갈수록
발걸음은 낮아지고
허리는 숙여져
작은 돌부리도 얕은 물살도
거칠게 다가오는데
오늘 하루도 어제처럼
'평안하세요' 답을 드립니다

# 어제

어제, 일정이 몇 개 있었을 터인데
체크를 안 하고 하루를 비웠다
가능한 집 안에만 있기로 했다
전화기는 꺼 두었다
언젠가를 준비하는 연습일 수도

일단 두 끼만 챙기기로 하고
잠을 충분히 잤다
그리고 TV 드라마
'역적-백성을 훔친 도둑' 시리즈를 보고
오후에 잠깐, 한 시간 정도
커피를 위해 외출을 하였다

돌아와서, 화초를 돌보고
또 자고, 드라마를 더 보고
이른 저녁은 아내와 닭한마리, 외식
또 돌아와서
집 안을 이리저리 둘러보고
책을 읽는데
아이가 퇴근하고 왔다
이야기를 나누다가 조금은 일찍
잠자리에 들었다

오늘, 조급한 마음에
다소 이른 출근길
전화기를 켜니
부재중 전화, 문자들이 수두룩하다
어제 일정을 오늘 확인하고
두 번 이상 전화가 왔던 곳으로
서둘러 연락을 한다
답이 온다

'무슨 일이 있었느냐고
하지만, 너무 걱정 말라고
모든 일들이 잘 진행되었다고'

세상이 그렇다
내가 생각하는 만큼
세상은 나를 필요로 하지 않는다
내가 없으면 안 될 듯한 일도 누군가는 한다
더 절실한 이
혹은 더 유능한 누군가가 적지 않다
내가 없어도 지구는 돌아가고 계절은 온다

나를 필요로 하는 일들은 사실,
어제의 일상에 있었다

잠, 드라마, 커피, 화초, 외식, 독서, 대화
어느 정도 자신감을 얻었다
더 일정이 많은 날을 택하여 시도한다면
더 큰 용기를 얻겠지

'글을 쓰다가 보니 시간이 많이 갔네. 늦겠다. 뛰자'

## 언젠가, 이별

언젠가 너를 생각하겠지
네가 홀연히 떠나고 없는 날
혹은 내가 떠나는 날에

따로 살았던 날보다
함께 살아온 날이 더 길어졌네

스테디셀러처럼
김치와 청국장처럼
일상 깊이 들어와
곁에 없는 날을 생각할 수가 없네

삶의 행복이 기쁨뿐이랴
그리움도 아쉬움도 슬픔도
지나고 나면 다 같은 행복인 것을

언젠가 너를 생각하겠지
그 날, 네가 남고
내가 먼저 떠나면 좋겠어

## 여행을 떠나시나요

그대, 여행을 떠나시나요
넓은 세상
높은 산, 깊은 바다
오랜 세월을 견뎌온
문명과 역사를 마주 하시겠네요

그리고, 놓치지 마세요
드넓은 세상의 한 켠
혹여 드러날까 움츠린 모습들
높은 산, 그늘 아래
낮게 흔들리는 풀꽃들의 율동
깊은 바다의 귀퉁이에서
떠난 이를 향하는 고동의 노래
긴 세월, 그늘의 뒤편에서
묵묵히 살아가는
소외된 이들의 일상

마주하여 보세요
생각이 발길을 멈춘다면
뭔가 가슴을 울린다면
또 다른 자신을 마주하여 보세요
함께 돌아오세요

## 오래된 들창

저 들창 가로
얼마나 계절이 지났을까
나그네처럼
돌아오지 않는 강물처럼

들창을 열고
바람을 들여놓았을 때
바람이 풀어놓은
창밖의 먼 이야기들

꽃으로 피고, 낙엽으로 지던
아련한 이야기들
비에 젖고, 눈이 쌓이던
유리창의 얼굴들

저 들창 가로
얼마나 계절이 더 지날까
나그네처럼
돌아오지 않을 시간처럼

## 우정에 관하여

10대에는
훌륭한 사람이 좋았다
위인전 이야기를 100프로 믿었으며
존경 받는 사람이 되고 싶었다

20대에는
멋있는 사람이 좋았다
외모가 출중하거나 특별한 재능이 있는
뭔가 있어 보이는 사람이 부러웠다

30대에는
성공한 사람이 좋았다
좋은 자리에 있고 화려한 생활을 하는
그와 같이 되고자 노력하였다

40대에는
안정된 사람이 좋았다
편안한 위치에서 늘 한결같은 사람
그런 이들과의 만남이 즐거웠다

50대에는
매력 있는 사람이 좋다
나와는 많이 다른 세월을 살아온 이들

이야기를 나누면 책을 읽는 듯하다

60대가 되면
어떤 사람을 좋아할까
함께 어울려온 이들, 새로 만나는 이들
그들에게 나는 어떤 모습으로 설까

# 이기적

사람은 이기적이다
하물며 사람만 이기적일까

풀꽃도 해를 향할 때
키 작은 이웃에 그늘을 만들고
햇빛도 낮에는
별과 달을 가리운다

싯타르타도 출가를 하느라
아내와 아들을 버렸으며
무함마드도 알라 핑계로
메카를 무너뜨렸다

하나님도 십자가에
당신 대신 아들을 걸었고
아들 덕을 크게 본 어머니는
마리아가 아닐까

# 이별 생각

이별은 슬픈 일이지만
언젠가는 이별을 생각하여야 합니다
마주보며 웃는 얼굴
아침이면 함께 커피를 마시는 즐거움
늦은 밤, 기다리는 마음
언젠가는 이별하여야 할 모습입니다
멀리 떠나는 공간의 이별이든
영영 떠나는 시간의 이별이든
이별을 생각하면
지금의 모습들이 더욱 소중해집니다
다가올 이별의 날에
조금은 덜 슬프게
조금이라도 웃으며
떠나고 보낼 수 있도록
더 배려를 하며
더 따스한 마음과 말을 전합니다
살아가는 것은 어쩌면
행복한 이별을 준비하는 과정입니다

## 이별 후에

나도 모르게 잊혀지겠지
바람이 떨어트린 꽃망울처럼
냇물이 쓸고 간 조약돌처럼
바람이 가는 길
냇물이 가는 길
오래도록 먼 길에서
잠시 스친 우연이 되어
아득히 멀리 잊혀지겠지
떨어진 땅에서 하늘을 보다가
남겨진 채로 기억을 찾다가
나도 모르게 잊어가겠지
밤을 새워도 못다 부른 노래처럼
아침, 옷깃을 스친 이슬처럼

# 자연

세월이 가니
나 역시 자연의 하나
저기 숲, 먼 바다의 한 켠
산새가 걸터앉는 나무
파도가 부딪는 바위와
뭐가 다를까

바람이 불면
바람결에 흔들리고
비가 내리면 빗물에 젖는
한 그루 나무
한 덩이 바위와
뭐가 다를까

꽃이 한철을 피듯이
새가 한나절을 울듯이
삶도 하루의 일상이었네
일상이 모여 인생이었네

한 개의 조약돌
한 줄기 햇살, 한 잎의 낙엽
더도 덜도 아니었네
그저 자연이었네
자연의 하나였네

## 자 유

구름처럼 떠돌다가

슬픈 날에는 빗물로 내리고

기쁜 날에는 하늘로 오르고

# 자작나무 숲으로 가면


자작나무 숲으로 가면
흰머리에 조금은 창백한 얼굴이어야 해

숲과 어울리는 빛깔, 그 모습으로
한 켠에 기대어 앉아
자작자작 타는 가슴으로 살아온
세월 이야기를 나누어야 해

비바람에 시달린 날들
수도 없이 떨어진 잎새들의 노래
서럽도록 그리운 이야기들
떨어지고 뒹굴면서도
하늘로 하늘로 향한 삶의 의지
우아하고 초연한 모습, 그 이야기들

짙은 커피 한 잔으로
정원을 거니는 귀족, 자작이 되어야 해

# 작은 창

작은 창이 있었지
아침이면 창을 닮은 햇살이 들어와
방바닥에 펴졌지
졸린 눈으로 엎드려서
그림을 그리려 하면
빛은 손등으로 올랐지
따뜻했던 빛
빛을 따라 창가로 가서
까치발로 밖을 내어다 보면
큰 나무와 파란 하늘
흔들리는 꽃으로
바람을 볼 수 있었지
나무에 올라
높고 넓은 하늘로 날아올랐지

얼마나 날았는지 몰라
얼마나 많은 일들을 겪었는지
많은 이들을 만났는지
희미해져만 가네
몇 해 전의 풍경이 희미하고
인연들의 이름이 잊혀져만 가네
이제 그만,
나뭇가지에 걸터앉고 싶네

바람을 느끼다가
꽃을 보다가
작은 창으로 돌아가
손등에 닿는 햇살
느끼고 싶네
졸린 눈을 감고 싶네

## 제천, 골목길

뒤안길에 웅크린 세월이 손목을 끌면
못 이기는 척 순순히 동행을 하는데
비린 내음, 축축한 모습, 마주치는 길
어디쯤일까, 어디까지 왔을까

시간은 물길인 듯 유유히 흘러서 가고
희미하게 아득하게 오가는 모습들
도란거리는 옛 생각에 뒤를 돌아보면
꽃잎 아래에 앉은 나와 눈이 마주치네

## 종탑을 오르며

마주친 이가 슬픈 표정으로
울릴 수 없는 종이라고 일러주어도
나는 종탑을 올라갑니다
종을 울리기보다는
회개를 위해 오르기 때문입니다
종탑을 오르며
죄로 두터워진 마음을
땀과 바람에 씻기 위함입니다
더 멀리까지 바라보면서
종소리가 어디까지 닿아야 하는지
그대가 어디쯤 있는지
알기 위함입니다
종이 되기 위함입니다
바람결만으로 울리는 종
시간의 진동만으로도
맑은 소리를 내는 종
그러한 종소리를
다시금 그대에게 들려주기 위함입니다

## 지평역, 안개

중앙선 귀퉁이, 지평역
안개가 먼저 와서 머무르고 있다

6시 48분 기차는
6시 48분에 들어오는데
기억은 시간만큼 정확하지 못해
어제도 그제도 희미해져 간다
안개처럼

청량리행 기차는
청량리를 향하는데
앞날은 목적지처럼 정확하지 못해
내일도 모레도 아득히 머무른다
안개처럼

## 직무유기

호박꽃만큼 푸근한 꽃이 또 있을까
꿀벌도 일을 잊은 채 꽃 품에서 잠이 든다

## 진눈깨비 내리는 날

진눈깨비 내리는 날에는
창가에 기대어 술을 마시자
빗물도 눈물도 아닌
서글픔이 추적추적
종일을 내리는 날에는
창가에 기대어 술을 마시자

창에 귓볼을 대어보면
아련히 들려오는 노래들
슬픈 기억에는 슬픈 곡조로
기쁜 기억에는 기쁜 곡조로
가슴을 먹먹히 채우는데

진눈깨비 내리는 날에는
빈 술병들을 창가에 두자
후회도 참회도 아닌
무언가가 추적추적
술병에 담기는 날에는
창가에 기대어 잔을 채우자

## 창가에서

창밖에 바람이 지나듯
시간이 나를 두고 지난다면
마주칠 수 없었던 인연들
시간의 앞과 뒤에서
불러 멈출 수 있을까

부르는 소리에 창문을 열고
천천히 다가온다면
사람아 인연아
어떤 표정을 지을까
무슨 이야기를 나눌까

이리 서있는 나를 두고
시간이 무심히도 지났다고
홀로 남겨졌다고
에둘러 변명을 하면
어떤 표정으로 나를 볼까

## 천사의 조우

길을 일러주는 촌로의 지팡이
눈을 마주친 아이의 웃음
편지를 전하는 우체부의 손길
한 개를 더 얹어주는 과일 장수의 덤

천사는 불현듯 마주친다

# 첫 눈

쌓이지 않는 눈은 첫눈이 아니라고
멋대로 정해 버렸다
마음에 담기지 않은 사랑은
사랑이 아니듯이
취하지 않는 술은 술이 아니고
눈물 흐르지 않는 슬픔은 슬픔이 아니듯이

그래서 지금 내리는 눈은
첫눈인지 첫눈이 오기 전의 눈인지
아직은 모른다
사각사각 눈이 쌓이고
뽀드득 뽀드득 쌓인 눈을 밟으며
네가 와야, 내게는 첫눈이다

# 청사포

바다 물결만큼
모래도 맑았던 곳
언덕, 좁은 골목들 틈으로
푸른 하늘과 바다
색종이처럼 비치던 곳
작은 방, 나그네로 앉아
문을 열면
물새 소리, 솔바람 소리
더불어 들어오던 곳
권하는 탁배기에
푸른 하늘이 채워져
바다 물결
술잔 속에서 찰랑이던 곳

그때는 그랬단다
아이에게 뜻 모를 설명을 하며
멀어져 간 바다
더 멀어져 간 세월을
바라보는 곳

# 출근길

빵을 굽듯
아침을 열어볼까
오늘 일들을
꿈 몇 스푼으로
계량을 하여
시 한 줄
노래 한 곡을 부어
반죽을 한 뒤
잠시 멈춤!

낮잠의 여유로
발효를 마치고
흉내가 아닌
나만의 모양으로
성형하여
한낮의 태양 아래
땀 흘려 구우면
저녁 무렵
나의 식탁에는
어떤 빵이 놓일까

## 코스모스

너를 보았네
여윈 몸매의 맵시
길가의 슬픈 흔들림, 너를
기다리는가
반겨주는가
꽃잎마저 가냘퍼
햇살조차 투명한 너를

바람의 율동
빛의 치장에
모두를 맡긴 체념
시간마저 기다리는 고요
오래 전부터
그리 살아온 듯
세상 모두에 순응한 너를

네 곁에 섰네
부드러이 손등에 닿는
너의 손길, 너의 숨결
고추잠자리
하늘 한 조각 물고 와
여린 잎, 낮은 어깨 위에
두고 가네

## 콰지모도에게

외사랑, 나는 종종 비교를 하지
캐서린을 향한 히드클리프의 사랑과
데이지를 향한 개츠비의 사랑
그리고 에스메랄다를 향한 너의 사랑을

모두가 절절한 외사랑이면서도
히드클리프는 악마의 근성이 있었고
개츠비는 야심찬 욕망을 가졌고
너는 단지 순수하였을 뿐, 바보처럼

가장 사랑 받지 못하였으면서도
가장 순수한 사랑을 한 네게
나는 감동을 하고, 눈물까지도 흘리지만
너처럼 사랑을 하고 싶지는 않아

나의 외사랑은, 히드클리프의 근성
개츠비의 욕망까지도 부르겠지
일생에 단 한 번뿐인 사랑, 대시도 없이
그렇게 떠난 네가 안쓰러울 뿐이야

## 쿠바에 왔다


가고픈 곳, 머물고픈 나라는 늘
저녁 어스름, 여윈 등불 아래
외진 구석 테이블에 앉아
골목을 지나는 낯선 이들을 보며
계획도 없이, 생각도 없이
축축한 술잔을 기울이고픈 곳

그럴 듯한 나라, 쿠바에 왔다

## 퇴각

무표정한 얼굴로 떠나가는 날
마른 술병의 마개는 닫히고
슬픈 책의 표지는 덮이고
폐허에는 없던 길이 만들어졌네

## 투명한 사람

나는 투명한 사람이 좋다
그리고, 투명한 사람이 되고 싶다

맑고 순수함도 착함도 아닌 투명
거짓말도 결점도 못된 구석도
훤히 들여다보이는 사람
마음이 말이고 말이 글인 사람
나와 비슷한지 얼마나 다른지
편히 들여다보이는 사람
바람이 오면 바람이 지나고
빛이 오면 빛이 지나는 사람

하얀 캔버스가 그림이 아니듯
하얀 원고지가 글이 아니듯
살아오면서 적당히
오염도 되고 풍파도 겪은
그 이야기, 그대로 묻어나는 사람
세월이 그렇게 만들어 온 사람

투명해야 이웃도
부족함을 알고 채워주고
하나님도
사하실 죄를 정확히 집어내신다

## 폐교에서

종달새로 지저귀던 아이들은 어디로 갔나
백합꽃으로 피어나던 웃음들은 어디로 갔나
텅 빈 운동장, 녹이 슨 그네는 바람이 흔들고
미끄럼틀에는 햇살만 우두커니 기대어 있네

복도의 풍금은 누군가를 기다리며 낡아가고
교실 창가, 게시판의 시간표, 솜씨 자랑들은
앉은 이 없는 책상과 걸상, 바라만 보고 있네
돌아온 옛 아이가 플라타너스 아래에 서네

# 푸념

마음이 무거울 때
무게를 덜어내려 말고
느낄 수 있다면
시간이 덜어낼 수 있도록
기다릴 수 있다면
흐림이 맑아져 가는
즐거움도 얻으련만

잊으려 하다 잊지 못하고
놓으려 하다 놓지 못하는
아둔한 헛수고 덕에
무겁습니다
힘이 듭니다
되뇌며 가는데
휘청거리며 가는데

## 해방촌

어느 봄날에는 해방촌으로 가자
골목길을 따라 남산을 오르면
긴 잠에서 깨어나는 살림 소리들
오랜 세월로 균형을 잡고
여전히 그 자리인 슬픈 가로등
텅 빈 카페, 빈 술잔들
겨우내 잘들 버티어 주었구나

멈추어 선 그림자를 마주하고
쓸쓸한 웃음으로 건네주는 술잔
여윈 손끝에 걸린 담배 연기는
술잔 속을 비집고 스며드는데
지친 몸짓으로 들어오는 햇빛은
누울 곳들을 잘도 찾는다

## 햇빛과 그림자

그대는 햇빛 나는 그림자
그대가 있기에 나도 있습니다

그대가 밝고 화사하면
나도 또렷해집니다

그대가 휘청이면
나도 함께 휘청입니다

그대가 멀리 산 너머로 떠나면
아! 나도 어둠에 잠깁니다

그대가 오기를 기다리며
침묵과 고요가 됩니다

그대는 햇빛 나는 그림자

# 헛꽃

산모퉁이 도는 길
헛꽃 무리가 반짝인다
눈길이 가도 손길이 가도
허허로움뿐인 것을

젊음 푸르던 날
너의 웃음, 나의 울음도
헛꽃이었는지도 모른다
어쩌면 우리네 인생
헛꽃인지도 모른다

## 홀로 예찬

무리 속에서
홀로 흔들려 보자
넓은 들판, 바람을 맞는
미루나무처럼

밝은 세상, 웃음소리는
한 순간의 파티일 뿐
언젠가 머무를 곳은
외진 모퉁이일 뿐

어울려 가도
홀로 돌아서보자
높은 하늘 아래, 내려오는
산그림자처럼

## 화진포 풍경

북은 막혔고, 동은 바다
화진포에서는 멈추어야 한다
그리고 머물러야 한다

파도가 뭍을 넘어
호수로 멈추었듯이
한세월 달려온 숨 가쁨도
화진포에서는 멈추어야 한다

호수를 두른 길이
어디에서 어디로 이어지는지
삶도 그렇게 이어져가는지
멀리 바라보아야 한다

그리고 주저앉아야 한다
지친 듯 쉬는 듯
오래도록 머물러야 한다

## 탈고를 위한 단상

과거는 그리워할 수는 있어도
돌아갈 수는 없는 곳
미래는 그려볼 수는 있어도
앞서갈 수는 없는 곳

과거와 미래의 이야기들은
그 때의 나에게 맡겨두고
지금의 내 이야기를 담자
그리움도 좋고 꿈이라도 좋다

가볍게 글랜싱하는 기분으로
100편 정도만 추려본다면
두께도 무게도 적당하여
모바일 시대에도 걸맞겠고

어떤 이야기들을 고를까
너무 깊지도 얕지도 않은

어중간한 깊이의 이야기들
벗에게 하는 편한 이야기들

배열은 어떻게 할까
'가나다' 순으로 하여야겠다
그래야 내가 좋아하는 계절
'가을'이 먼저 나오게 되니~